ELOGE

DU REVEREND PERE

DE LA CHAIZE,

CONFESSEUR DU ROY,

Fait & prononcé par Mr de la Boze Secretaire perpetuel de l'Academie des Inscriptions & Médailles, le 9. Avril 1709.

Avec la Lettre Circulaire fur la mort du R. P. de la Chaize, Confeffeur du Roy.

A PARIS,
Chez la Veuve L. VAUGON, ruë de
la Huchette, au Joly-Bois.
———
M. DCCIX.
AVEC PERMISSION.

ELOGE

DU R. P.

DE LA CHAIZE,

CONFESSEUR DU ROY,

Fait & prononcé par Mr de la Boze Secretaire perpetuel de l'Academie des Inscriptions & Medailles, le 9. Avril 1709.

RANCOIS DE LA CHAIZE nâquit dans le Château d'Aix en Forest le 25e d'Aoust 1624. Son Pere, Messire Georges de la Chaize, Seigneur d'Aix, Cheva-

A ij

valier de l'Ordre de Saint Michel, étoit un Gentilhomme distingué par ses Services, & par ceux de ses Peres, d'une des plus nobles & des plus anciennes Maisons de la Province, alliée à plusieurs autres Maisons des plus considerables. Sa Mere, Renée de Rochefort, étoit aussi issuë d'une noble & ancienne Maison de la même Province, pleine de merite & de vertu. De douze enfans nez de leur mariage, François de la Chaize fut le second.

Dés qu'il eut atteint l'âge de dix ans, on l'envoya à Roane pour y faire ses Etudes au College des Jesuites ; College qu'un de ses Parens avoit fondé.

Il souhaita bien-tost d'entrer chez les Jesuites ; il le demanda avec instance, lorsqu'il eut achevé sa Rhetorique, & tout parut favorable à l'ardeur du Proselyte, petit Neveu du P. Cotton, dont la perte étoit récente. Il avoit encore dans la Societé un Oncle célébre par sa Science & par l'austerité de ses mœurs; mais on eut moins d'égard aux avantages de sa naissance qu'aux marques de sa vocation.

Il avoit beaucoup de pieté & beaucoup d'esprit. Aprés avoir soûtenu d'une maniere édifiante l'épreuve de deux années, il vint faire sa Philosophie à Lyon, & son génie particulier pour cette sorte d'Etude, ne fut pas long-temps à se declarer. Il devançoit presque toûjours ses Professeurs dans leurs Explications, il les prévenoit souvent dans leurs découvertes : le bien commun de l'Ecole ne permettoit pas qu'on suivit une imagination si rapide, & moins propre à inspirer de l'émulation, qu'à décourager ceux qui n'avoient que des talens ordinaires. On jugea donc à propos de reduire cet esprit par une diverſion conſiderable ; & dans le temps même qu'il étudioit en Philoſophie, on lui fit faire un cours de Mathematique & de belles Lettres ſous le Pere d'Aix ſon Oncle.

Quand le P. de la Chaize eut fini ces premiers exercices, il fut employé, ſuivant l'uſage de ſa Compagnie, à enſeigner les Humanitez pendant quelque temps. Enſuite il étudia en Theologie, & dès que ſon cours fut achevé, on l'envoya à Rodez pour s'y diſpoſer à ſes derniers Vœux.

Ce changement de Province ſe fit à l'occaſion d'un Jeſuite de celle de Toulouze, que des raiſons particulieres obligeoient à venir de Rodez à Lyon : il falloit le remplacer, & on choiſit le P.

de la Chaize, comme le sujet le
plus propre à faire honneur aux
Maisons où il avoit été élevé.

L'année suivante, le P. de la
Chaize rendu à sa Province, enseigna publiquement la Philosophie dans le College de Lyon:
on n'y avoit pas encore vû un
Professeur si consommé; aussi sa
reputation luy attira bien-tost
une foule de Disciples Etrangers.

Sa maniere d'enseigner étoit
singuliere, & avoit sans doute ses
avantages. Il expliquoit d'abord
l'état d'une question, & exposoit
les differentes opinions des Anciens & des Modernes. Ceux qui
l'écoutoient, avoient ensuite la
liberté de se partager à leur tour
entre tous ces sentimens, & de
soutenir, chacun selon son génie,
celui qu'il goûtoit davantage. Enfin, lorsqu'il voyoit les esprits rem-
plis de leur matiere, & échauffez

à un certain point, il dictoit sa propre opinion, qui se trouvoit ordinairement établie sur les debris ou sur la conciliation des precedentes.

La multitude des experiences, écüeil ordinaire des vieux préjugez, achevoit de distinguer le P. de la Chaize. Peu de jours se passoient sans qu'il en fit quelqu'une. Il ne luy suffisoit pas d'avoir des raisons nouvelles & solides, il vouloit encore que la secheresse des Argumens se perdit dans le charme du Spectacle.

Le College de Lyon possedoit alors des Jesuites d'une grande capacité. Les PP. de S. Rigaud, de Challes Giballin, Theophile Rainaud, & Fabry. Leur estime pour le P. de la Chaize se joignit aux applaudissemens du public. Ils n'oublierent rien pour l'engager à faire imprimer sa Philoso-

phie ; mais il consentit, à peine
d'en donner un abregé en maniere de These, & Nous en avons
ainsi deux petits Volumes in folio.
La Logique & la Morale y ren-
ferment tout ce que l'on peut
imaginer de plus propre à former l'esprit ou le cœur, & l'on
n'y trouve presque aucune de ces
questions infructueuses, qu'un
long usage semble avoir consa-
crées au bruit de l'Ecole, & au
plaisir de la dispute.

Un esprit geometrique regne
dans toute sa Physique : elle
interesse par le nombre des faits
curieux qui y sont rapportez, &
l'on est surpris d'y trouver déja
les anciens Systêmes si bien rec-
tifiez par les nouvelles découvertes : surprise d'autant mieux
fondée, que la Philosophie de
Mr Descartes étoit encore ren-
fermée dans un petit cercle

d'hommes choisis, & que ceux qui étoient en possession du nom de Philosophe, ne la regardoient que comme une heresie naissante.

Peut-être aurions-nous un pareil abregé de la Theologie qu'il enseigna avec la même distinction, s'il n'avoit été presque aussitôt destiné à un emploi qui le demandoit tout entier. Il fut nommé Recteur de la Maison de Grenoble, & il fallut partir en même temps pour s'y rendre.

Feu M. de Villeroy Archevêque de Lyon ne pût supporter l'éloignement d'un Homme qui lui étoit si cher : il écrivit au General, & fit tant qu'au bout de quelques mois, il obtint le retour du P. de la Chaize. Ceux qui ont connu le Prelat dont je parle sçavent que c'étoit un genie du premier Ordre, un Homme superieur aux affaires, qui chargé tout à la fois de l'adminiſtration d'un grand Dioceſe, & du Gouvernement Politique d'une Province conſiderable, s'étoit concilié dans tous les tems l'amour du Peuple, l'eſtime de la Nobleſſe & la veneration du Clergé. Quels rapports ne demandoit point une amitié ſi vive & ſi précieuſe?

Le P. de la Chaize revenu à Lyon, y gouverna ſucceſſivement les deux Colleges. Il entreprit d'y faire fleurir les Lettres de mille manieres differentes, & on peut dire qu'elles lui réuſſirent toutes. Dans des lieux preſque incultes, on vit naître à la fois une ample Bibliotheque, une eſpeçe d'Obſervatoire, des Cabinets de Mathematique & d'Antiquitez ; & l'uſage que l'on commença à faire de tant de choſes, ajoûta beaucoup à la gloire de les avoir raſſemblées.

Du Gouvernement des deux Colleges de Lyon, le Pere de la Chaize paſſa à l'Adminiſtration entiere de ſa Societé dans la Province ; & il s'appliquoit utilement à en connoître les ſujets & les beſoins, lorſque le Roy le choiſit pour ſon Confeſſeur à la place du feu P. Ferrier. L'importance de ce miniſtere, & le choix d'un Prince ſage & éclairé, forment un aſſez grand éloge : mais il eſt toûjours vrai de dire qu'il n'y a perſonne pour qui ce choix dût être plus glorieux que pour le P. de la Chaize, qui n'avoit de ſa vie approché la Cour de plus de cent lieuës. Il vint donc pour la premiere fois au commencement de l'année 1675. & quelque avantageuſe que fût l'idée qu'on s'étoit formée de lui, il gagna beaucoup à être vû de prés. Aiſé & naturel dans ſes manieres, ſimple

fans baſſeſſe, prévenant fans af-
feƈtation, & joignant une poli-
teſſe infinie aux exemples de la
plus folide vertu ; tous les fuffra-
ges fe réunirent bien-tôt en fa
faveur, il s'attira le refpeƈt des
Courtifans, il merita la confiance
du Roy.

Le genre & le nombre des nouvelles occupations du P. de la
Chaize ne lui firent pas perdre le
goût des belles connoiſſances, &
particulierement celui des Monumens Antiques : s'il y eut même quelque chofe de changé à
cet égard, ce ne fut guere que
dans la forme : leur étude avoit
auparavant des heures fixes & cer-
taines, elle n'eut plus que ces mo-
mens vagues & indéterminez que
l'on prend quand on peut, & que
l'on donne toûjours à ce que l'on
aime.

Son Commerce Litteraire,

14

quoique fort étendu, ne souffrit
de même aucune interruption ef-
fentielle , & beaucoup de Sça-
vans lui ont donné de plus des
marques publiques de leur eftime
en lui adreffant leurs Ouvrages.
On ne foupçonnera point que ce
foit des facrifices faits au rang &
à la faveur , lorfqu'à la tête de
ces Auteurs on trouvera Mr Vaillant & Mr Spon.

M Vaillant, qui a dédié au P.
de la Chaize fon Livre de l'Hif-
toire des Rois de Syrie par Médailles, avouë dans l'Epître, dans
la Préface, & dans plufieurs en-
droits de l'Ouvrage même, qu'il
lui en doit l'idée & la perfection:
l'aveu eft précis, & d'une efpece
affez nouvelle pour Mr Vaillant.

Mr Spon qui lui a adreffé la
Relation de fes Voyages , étoit
engagé par le malheur de fa naif-
fance dans les erreurs d'une fecte,

qui n'avoit jamais pû compter le
P. de la Chaize au nombre de ses
protecteurs ou de ses amis ; aussi
fait-il bien sentir que c'est au merite personnel qu'il rend hom-
mage ; qu'il adresse un Ouvrage
rempli d'Inscriptions, de Médailles & d'autres Monumens, au plus
juste estimateur qu'il connoisse sur
ces matieres ; & si la bien-séance
ne lui permet pas de se taire abso-
lument sur l'importance & sur la
dignité du poste qu'il remplit, il
se contente de lui dire que son
amour pour les Césars & pour les
Héros de l'Antiquité, étoit depuis long-tems l'heureux présage
de son élevation & de son atta-
chement à la personne du plus
grand des Rois.

Il est vrai que le P. de la Chaize
avoit porté fort loin le goût de
l'Antiquité. Il l'inspiroit à tous
ceux qu'il croyoit capables de l'é-

claircir ou de l'orner par leurs recherches; & la connoiffance des Médailles lui doit affûrément une partie du progrés qu'elle a fait dans le dernier Siecle. C'eft fur le témoignage qu'il rendit au Roy de l'utilité & des agrémens de cette occupation, que ce Prince l'a jugée digne d'entrer dans les délaffemens de la Royauté.

A ces traits on reconnoît fans doute un parfait Academicien; le Pere de la Chaize l'étoit auffi, & Sa Majefté le nomma entre les premiers fujets dont il lui plût d'augmenter cette Academie en l'année 1701. Son affiduité étoit grande par rapport à fon âge, & au peu de tems dont il pouvoit naturellement difpofer: Elle étoit encore remarquable & utile, en ce qu'il avoit toûjours quelques découvertes à annoncer à la Compagnie, ou quelque monument

fingulier

singulier à lui communiquer ; Médailles, Pierres gravées, Figures Antiques, Instrumens de Sacrifices, Urnes, Inscriptions de tout genre. C'est ici qu'il répandoit avec joye tout ce qui lui venoit des Païs étrangers, ou des differentes Provinces du Royaume, qu'il avoit en quelque sorte renduës tributaires de sa curiosité. Il nous apportoit aussi fort souvent des Dissertations sur les matieres qui lui paroissoient être du ressort de l'Academie, & il avoit soin de n'en prendre que de bonne main. Enfin il nous aimoit ; & par un juste retour nous craignions pour lui jusqu'aux changemens des saisons. Il mourut le vingt de Janvier dernier, lorsque le froid se faisoit sentir avec le plus de violence ; mais rien ne fut capable de differer les pieux devoirs que nous avions à lui rendre ; & l'Hiver de mil sept cens neuf que les Naturalistes viennent de marquer pour long-tems dans leurs Annales, le fera de même dans nos Regiftres.

Le Pere de la Chaize étoit dans la 85e année de son âge, la 70e depuis son entrée dans la Compagnie de Jesus, & la 34e depuis sa nomination à la place de Confeſſeur du Roy. Il avoit toûjours joüi d'une bonne santé. La vieilleſſe même qui ne lui avoit jamais servi de prétexte pour se dispenser d'aucun de ses devoirs, sembloit avoir renouvellé en lui quelques agrémens exterieurs. Il étoit né bien-faisant ; & son inclination à obliger étoit si grande, qu'elle lui prefentoit d'abord les choses qu'on lui demandoit dans toute l'étenduë de leur poſſibilité.

Le Public attend peut-être encore que nous lui repréſentions le P. de la Chaize rempliſſant les délicates & ſacrées fonctions de ſon miniſtere. Les uns voudroient qu'on leur diſe tout ce que ſa pieté & ſon zele pour la Religion lui ont fait entreprendre ; combien il a contribué à la deſtruction de l'Hereſie en France ; & ce que lui doivent les Miſſions Apoſtoliques dans les Païs les plus éloignez. D'autres ſouhaiteroient qu'on le leur peignit au-deſſus du travail & des contrarietez, toûjours occupé ſans le paroître jamais, toûjours affable & tranquille, juſte & exact dans la déciſion des affaires qui lui étoient renvoyées ; perſuaſif, preſſant, actif dans celles qui dépendoient de la negociation ou du mouvement, & toûjours incapable d'une fauſſe démarche.

L'Illuſtre Societé qui vit ce

grand Homme se former dans son sein, & qui en partage aujourd'hui la perte avec nous, ne manque ni d'Historiens ni d'Orateurs pour transmettre à la posterité un détail si interessant. Nous, dont les Eloges sont moins des Histoires & des Panegyriques, que simples Memoires sur la Vie des Academiciens ; nous croyons qu'il suffit presque de rapporter ce qu'ils ont fait pour les Lettres, & ce que les Lettres ont fait pour eux, &c.

MON REVEREND PERE,

P. C.

DIEU continuë de nous affliger, il vient de le faire d'une maniere trés sensible pour nous, en nous enlevant le Pere François de la Chaize, qui mourut hier à cinq heures & demie du matin en la quatre-vingt-cinquiéme année de son âge, & la soixante-neuviéme depuis son entrée dans la Compagnie ; son merite y avoit été reconnu, même avant que le Roy l'appellât auprés de sa Personne : car aprés avoir passé par les emplois ordinaires, c'est à dire par la Regence des Humanitez, de la Philosophie & de la Theologie, où il se distingua beaucoup, il fut employé à gouverner plusieurs Colleges, & entr'autres le grand College de Lyon. Il étoit actuellement Provincial de la Province de Lyon lorsque le Roy le choisit pour son Confesseur l'an 1675. ce fut dans ce poste important qu'il fit connoître ses grandes

B iij

qualitez, & valoir les talens qu'il avoit
reçû. Sa prudence, sa droiture, sa fran-
chise, sa modestie lui attirerent bien-tôt
la confiance du Roy, & il l'a conservée
par les mêmes voyes jusqu'à la fin : son
humeur bienfaisante en faisoit le recours
des malheureux ; on lui rend cette justice
à la Cour, qu'il faisoit à tout le monde
tout le bien qu'il pouvoit dans les bornes
de son devoir : sa douceur, son affabilité,
ses manieres honnêtes partoient naturellement de la bonté de son cœur, & il n'y
paroissoit rien d'affecté : son zele pour la
Religion fut toûjours également vif &
sage ; on sçait les grandes obligations que
lui ont les Missions, tant celles du de-
dans, que celles du dehors du Royaume :
il avoit une tendresse extrême pour la
Compagnie, cette Maison en particulier
l'a éprouvé en une infinité de rencontres ;
les autres Ordres Religieux avoient en lui
un Pere, & il ne leur a jamais refusé ses
bons offices dans toutes les occasions où il
a pû les servir. Sa compassion & sa tendresse envers les Pauvres étoient extraor-
dinaires, rien ne lui coûtoit quand il s'a-
gissoit de les soulager, & il ne se mettoit
jamais en chemin qu'avec une somme des-
tinée pour tous ceux qui se presenteroient

à lui : ce caractere de bonté qui le faisoit aimer de toutes les personnes du dehors, paroissoit dans toute sa conduite, & lui avoit gagné le cœur de tous ceux de la Maison & des autres de la Compagnie qui l'approchoient, il les recevoit & les écoutoit toûjours avec douceur & honnêteté ; il sembloit n'avoir point de plus grand plaisir que de se trouver les soirs avec la Communauté, & de s'y entretenir familierement avec tout le monde ; il nous édifioit beaucoup par l'exactitude avec laquelle il s'acquittoit des Observances Religieuses, autant que ses grandes affaires le lui permettoient. Il se levoit exactement à quatre heures, & n'a cessé de le faire que trois semaines avant sa mort, & quand on lui représentoit que ses occupations l'empêchant de se coucher si-tôt que les autres, il ne devoit pas s'assujettir si fort à ce point de regularité ; il répondoit que s'il ne s'y assujettissoit pas, il ne pourroit pas trouver dans la journée le tems marqué par la Regle pour l'Oraison, à laquelle il ne vouloit pas manquer. Soit à la Cour, soit à l'Armée, il faisoit tous les soirs avec son Compagnon, & les autres qui se rencontroient avec lui, les Prieres publiques que l'on fait à ces heures-là dans la Compagnie ; il ménageoit tellement les choses dans les voyages, qu'il trouvoit le tems de dire tous les jours la Messe, & nonobstant les douleurs qu'un mal de jambe lui causoit, il n'a cessé de la dire que huit jours avant sa mort ; & il me dit que ce qui l'empêcha de continuer à le faire, ce n'étoit point tant les douleurs qu'il sentoit en celebrant, que l'impuissance où il étoit de garder les Rubriques, & de faire cette sainte action avec la bienséance requise. Depuis ce tems-là, jusqu'à ce qu'il fut obligé de garder le lit, il communioit tous les jours ; il n'a jamais voulu permettre qu'on lui donnât rien d'extraordinaire à table, quoique dans sa vieillesse la fatigue des audiences lui ôtât souvent l'appetit : il avoit un respect & une déference entiere pour les Supérieurs, & n'a jamais voulu se mêler de ce qui regardoit leur gouvernement ; cette attention qu'il avoit à tous ces petits détails de regularité, lui venoit non-seulement d'un grand fond de pieté & de devotion, mais encore d'une superiorité de génie, qui le mettoit au dessus des affaires, dont l'emb   re lui faisoit rien perdre de sa tranquillité & de son application aux devoirs particuliers de son état. La tendresse de sa devotion a singulierement paru dans les derniers jours de sa maladie. Quand je lui portai la nouvelle du danger où il étoit, il la reçût avec une entiere résignation : il reçût le Saint Viatique avec une pieté & une humilité qui nous édifia tous ; il nous parla d'une maniere si touchante, qu'il nous tira les larmes des yeux, & il eut dans cette occasion dequoi se convaincre de la tendre & sincere affection que nous avions pour lui ; il reçût l'Extrême-Onction avec de pareils sentimens, répondant à toutes les Prieres. Quand ensuite je lui suggerois quelques passages de l'Ecriture, proportionnez à l'état où il se trouvoit, il les continuoit & les paraphrasoit souvent lui-même, avec des termes qui montroient combien il en avoit le cœur penetré. Il eut la presence d'esprit jusqu'au dernier soupir, & répondit même aux Prieres de la recommandation de l'ame ; il expira dans ces sentimens, & avec une forte confiance dans les misericordes de Dieu. La maniere dont le Roy reçût la nouvelle de sa mort, que le R. Pere Provincial & moi lui portâmes, suffiroit seule pour faire son éloge : ce grand Prince ne pût retenir ses larmes, & il nous dit entre autres choses, qu'il

avoit toûjours regardé le Pere de la Chaize
comme un grand Homme de Dieu, &
comme un Saint ; perſonne n'en peut ju-
ger plus ſainement que lui, l'ayant connu
à fond, par les commerces frequents qu'il
avoit eu avec lui pendant trente - quatre
ans ; on peut dire avec verité que toute la
Cour le regrette, & on convient qu'il eſt
difficile de le bien remplacer : je vous
demande pour lui les Suffrages ordinaires
de la Compagnie, en vous aſſeurant que
je ſuis, &c.

A Paris ce 21. *Janvier* 1709.

Attendu l'Approbation des Supe-
rieurs de la Compagnie de JESUS,
permis d'imprimer ce 11. *Novembre*
1709.

M. DE VOYER D'ARGENSON.